ALGUNOS REGRESAMOS VIVOS

ALGUNOS REGRESAMOS VIVOS

Alain Pallais

Valparaíso
EDICIONES

Número 440 de la Colección VALPARAÍSO DE POESÍA
dirigida por FEDERICO DÍAZ-GRANADOS

Diseño y maquetación: Chari Nogales
www.charinogales.com @*chari_nogales*
Imagen de portada: Alain Pallais, *Marte,* Gouache sobre papel
8x10 pulgadas

Primera edición: septiembre de 2024

© De los poemas: Alain Pallais

© Valparaíso Ediciones

C/ Fray Leopoldo, 7 Bajo 18014 Granada
www.valparaisoediciones.es

ISBN: 978-84-10073-75-3
Depósito Legal: GR 1236-2024

Impreso en España - *Printed in Spain*
Gráficas Gami

DEPARTMENT OF THE ARMY

THIS IS TO CERTIFY THAT THE SECRETARY OF THE ARMY HAS AWARDED

THE ARMY COMMENDATION MEDAL

TO

SPECIALIST ALAIN O. PALLAIS

13TH SIGNAL BATTALION, 1ST CAVALRY DIVISION

FOR

EXCEPTIONALLY MERITORIOUS SERVICE IN SUPPORT OF OPERATION IRAQI FREEDOM II. YOUR PROFESSIONALISM, DEDICATION AND DEVOTION TO DUTY ARE IN THE HIGHEST STANDINGS AND REFLECT GREAT CREDIT UPON YOU, THE 13TH SIGNAL BATTALION, THE 1ST CAVALRY DIVISION AND THE UNITED STATES ARMY

FROM: 02 MARCH 2004 TO 15 FEBRUARY 2005

PO# 308-181, 03 November 2004
Commander, Engineer Brigade
APO, AE 09344

KENDALL P. COX
COL, EN
Commanding

DA FORM 4980-14, NOV 87

PREFACIO

Algunos regresamos vivos, con el cadáver del ser que alguna vez fuimos, con nuevas metas, con un silencio que entumece, con otros nombres: Big Mac (SGT Luke McNair. Mantenía récords de todos los juegos de dominó), Cheesecake (SPC Max Garza. Tenía un ropero lleno de chucherías), C-note (SPC Michael Cervantes. Evacuado de Irak después de escupir sangre por una semana debido a problemas en un pulmón), Little Cook (SPC Paul Cook. Nos contaba historias increíbles como la del moco que viajó de mano en mano), Capitan America (SFC Robert Biberston. Antes del desplazamiento invirtió mucho tiempo entrenando con videojuegos), Barbecue (SPC Brandon Barraque. Un joven tejano quien, tres meses antes a nuestro desplazamiento, había escalado el volcán Maderas durante un viaje de vacaciones que hicimos a Nicaragua) y una lista que ahora prescindo por espacio. Hombres de diferentes edades, rangos, razas, culturas y especialidades militares que compartieron un mismo nombre: soldado. Soldados que, la mañana del 2 de marzo del 2004, partieron con el 13vo Batallón de Comunicaciones de la 1ra División de Caballería (*13th Signal Battalion, 1st Cavalry Division*), dejaron la rutina de sus vidas placenteras para ir a un sitio hostil sin la certeza de un retorno.

De más está decir que el soldado regresa de la guerra con nuevas acepciones para patriotismo, libertad, heroísmo, amistad y otros conceptos que fundamentan sus ideales. Cada uno digiere, a su manera, las espinosas experiencias que forzosamente tragaron. Llevan cicatrices como insignias permanentes y traumas que atormentan hasta ahogarlos con estigmas. Suicidio. "Vino loco de la guerra." Van contando sus historias de *the sandbox**, desmintiendo a Hollywood, reafirmando a Hollywood, omitiendo detalles que delatan, describiendo pormenores llamativos o haciendo comparaciones con otras guerras. Hay tanto que contar que cada soldado podría escribir su propio libro con evidentes particularidades e inevitables coincidencias como las novedades encontradas en tierras lejanas, los textos en las paredes de inodoros portátiles, las cartas de rupturas amorosas (*Dear John Letter*), la alegría al recibir paquetes de familiares o a través de boots4soldiers. org, las largas filas y el alto costo de llamadas telefónicas facilitadas por at&t, *the latin nights*, el contrabando de bebidas alcohólicas, las elecciones presidenciales del 2004, la compra de DVD con muy malas copias de películas pirateadas, los Rolex falsos, la lista de caídos en combates. Soldados que ahora comparten otro nombre: veterano de guerra.

Después de casi veinte años de mi movilización a Irak, he decidido entregarte este poemario que puede leerse como un testimonio incompleto de dicha experiencia. Un poemario que nació y creció cebado por la memoria para reconocer que, por encima de cualquier conflicto, somos seres capaces de transformar en arte -la forma de expresión más importantes de la humanidad- la complejidad de la experiencia humana en medio de la guerra. El conflicto de Irak truncó proyectos individuales y las vidas perdidas causaron mucho dolor. Sin embargo, estos textos no pretenden ser una voz colectiva que busca sanar heridas o cuestionar narrativas preconcebidas. En las páginas que siguen, encontrarás versos que dan cuenta de cómo el miedo se adentra sin permiso y se convierte en eterno compañero, la nostalgia del hogar, la rabia que arde en los ojos, pero también la resiliencia y la esperanza que se aferra como un último resquicio de luz en medio de una sombra en la arena. Algunos regresamos vivos.

ALAIN PALLAIS
NOVIEMBRE, 2023.
CALIFORNIA, USA.

* Jerga usada por las fuerzas armadas estadounidenses para referirse a cualquier área de operaciones en el desierto de los países del Medio Oriente.

*A Marcel N. Pallais, mi hermano,
veterano de la guerra de Afganistán.*

ALGUNOS REGRESAMOS VIVOS

He visto mi propia sombra
alargarse al infinito.
SALOMÓN DE LA SELVA

The soldier is poor without the poet's lines...
WALLACE STEVENS

Life is a short short story
with explosive simmering.
JOHN ASHBERY

HISTORIAS DE GUERRA

la población de veteranos ha crecido
entre familiares   en el trabajo
en hospitales   en las calles
en una lista de suicidas   en cementerios

gracias por servir a la patria
apretón de manos
a cuántos mataste?
la mirada sale en busca
          se pierde en la espuma de agitadas aguas
uno   a mí mismo

las historias de guerra
se cuentan con un mozote en la garganta
no pretenden instruir o moldar la conducta
sus detalles se empañan
los sucesos estallan
     fragmentos   hijueputa
          se cierran los ojos   se abren
la duda   la sangre   disparos
dónde   dónde   el valor
disparos   disparos

al levantar la red de la memoria
chapalean escombros en su propia sangre
se respira el adictivo olor a pólvora
sin poder recrear el cuadro exacto

las historias de guerra
llevan la confusión militar de la jerga
y el intransferible peso de la palabra amistad
llevan el olor a carne
abrasada por la muerte

las historias de guerra
se escuchan con las vísceras
llevan el zumbido de un escuadrón de moscas
patrullando heridas
hablan de seres ordinarios capaces
    de lo extraordinario y lo inhumano
en circunstancias equivocadas
y quizá   quizá   muy en el fondo
llevan   el silencio
de una insignia

FORT HOOD

ALGUNOS REGRESAMOS VIVOS

Iban a presenciar la guerra, un animal sangriento
—la guerra, un dios inflamado de tanta sangre.

STEPHEN CRANE

jóvenes soldados se divierten esta noche
familia criada en barracas
bajo rigor marcial

mañana partirán hacia el desierto
sus miradas cruzarán el vacío
de un escenario desconocido
hasta caer en el tierno césped
de la mano que apretará sus recuerdos

temerán los tambores de la noche
los alaridos del día

extrañarán la caricia del hogar

sus brazos cargarán la pesada muerte
luego
       renacerán

***

los gallos aún no cantan
pero ya las mujeres han llorado
un maternal terror

galería en ruinas es mi habitación
obras inconclusas
diálogos albos con la pluma

sólo quedan huecos en la pared
un tesoro escondido en el cielo raso

son pocas las cosas que llevo
tinta
     lámpara
        lágrimas
una brizna para encender el hogar
fotografías?   no
no llevaré fotografías
valor
     valor para cambiar
temor
     temor para vivir
un morral donde echaré los trozos
de esto que ahora soy
y dejaré de ser en el desierto

la puerta está cerrada

al partir   siempre olvidamos

en Fort Hood
no hay gallos que canten
mientras inicia a rotar el engranaje
de la muerte

***

soldados y familiares
se entregan palabras que anticipan despojo

la oquedad
casa del lamento
por alguien que se marcha
a cumplir un deber corrosivo

de alguien que se queda
timoneando el hogar
consolando el temor de los niños
con su propio temor
inventando respuestas a su soledad
y a la ausencia de caricias
por doce meses quizá
                    por siempre

***

dos niños se disparan - - - - -
- - - - - con sus dedos

- - - - - busca refugio uno de ellos
tras las piernas de su madre
- -
- - - - atravieso la línea de fuego - - - -
rodilla en el piso - - - - - - - - estoy herido
volteo hacia el niño fingiendo enojo
mi mano
una pistola se vuelve en la cintura
está asustado
el otro   su refugio abandona
sujeta mi brazo
sólo es un juego

***

0620
la compañía se forma en pelotones
entre saludos y comentarios
se inspecciona porte y aspecto
    corte de pelo
    afeitado
    hilos
costuras

    nadie
se deshace de la angustia
que prende como insignia
en todos
uniforme

recién nacido uniforme
   que no se plancha
   que al caminar respira
botas sin lustre
   a mis pies aferradas con un manso mordisco
   garras sigilosas o rítmicos mazos de marcha
   left   *your left your left-right-left*
   left   *your left your left-right-left*
con el rostro entumido sonreír pretendemos
desde una creciente concavidad
ronco palpitar del desasosiego

*

0625
el banderín inclinado hacia el frente
en posición de descanso
soy una estatua amanecida
en esta primavera reciente

el sargento primero se acerca
a mi alrededor camina inspeccionando
pregunta si salí a divertirme anoche
　　　si queda esperando alguna chica

—*company*　　　*atten...tion*

la formación ante los espectadores
se vuelve una instalación viva
expresa diciplina unidad
coordinación y respeto

es una pausa que respira calma
admite arribo de viejas postales
o le juega una broma a la postura
que pagaríamos con 20 pechadas

(los *guerreros de terracota* pierden
sus colores al ser expuestos
fallecen ante los espectadores
como si la vida estaba en aquella
sepultura)

*

0630
the Reveille
el sargento primero gira media vuelta
y ordena
—*present*   *arms*
alzo el asta
v
e
r
t   o
i   g
c   e
a u
l
con un súbito giro la alineo con el horizonte
                   mientras los otros
                   soldados saludan
                   con la mano en la
                          frente

los vehículos se detienen
los conductores salen
voltean hacia el origen del llamado
monolitos entregando sus rostros
por 21 segundos
un toque de corneta paraliza Fort Hood
mientras la bandera nacional es izada

por el mástil mayor

ondeando sus franjas y estrellas

hoy nos llama la diana
a despedir nuestras rutinas
a cruzar   como aves de guerra   el Atlántico
mañana
nos llamará a respirar el humo
de una ciudad hostil
y precaria

***

el comandante del batallón
ha soltado un discurso emotivo
en el *Ironhorse Gym*

destellos
cámaras capturan imágenes
de soldados con el arma al hombro
  el bebé en brazos
    entre sollozos y familiares

de jóvenes novios entonando algún blues con miradas
    sosteniendo una semilla cana en los labios
        sin saberlo aún
    pellizcando un engaño

de solteros que se abrazan por los hombros
    como futbolistas antes del juego
    sus uniformes limpios
    ningún herido

me alejo recibiendo fogonazos de luz en el costado
con cierta orfandad nefelibata apretándome el cuello
de rastra llevándome hasta el niño
petrificado frente al oleaje
del Cocibolca
        y más allá   sus volcanes

***

hoy nadie me despide

los míos
      a quienes siento en la sangre
se hallan lejos
por el hálito del trópico rociados
bajo la sombra de mangos y guayabos
por calles sin nombre caminando
recibiendo los besos nocturnos
del perrozompopo

los míos
      a quienes llevo en mi nombre
se hallan dispersos
a la solitud acostumbrados
en una ciudad surtida de etnias
bajo al letrero de Hollywood
entre sus estrellas pisoteadas
observando el vuelo de pelícanos
con la gélida brisa del Pacífico

de todos tantas veces me he despedido
que hoy repaso sus rostros abofeteados
      sus voces moduladas
por un duelo prematuro

*

no vino la chica inglesa
su destino anunciado en una postal
donde posan dos seres alados
abrazándose

no vino la pelirroja
indagó la talla de mis botas
para adquirir un anillo
con intención de poner en mi mano
la idea de que alguien   muy lejos
                                           me espera

no vino y no la extraño
el acento inglés de sus besos
aún conversa con mis labios
la textura floral de sus manos
hizo de mi espalda
depósito de pétalos y espinas

le pedí que no viniera

***

al salir del *Ironhorse Gym*
el capellán me entrega un rosario

sobre una mesa en formato pequeño
copias del Nuevo Testamento
de un caserío baldío son maqueta
sus puertas contienen la voz del perdón
    del sacrificio

los buses
bestias de carga
con un manso rugir esperan
tragan hileras de soldados condenados
al combate   al desvelo
al cansancio de sus botas sucias
al idilio con un fusil

sentados
empuñamos el eco
de nuestras despedidas
lo inhalamos
pensando en el retorno

***

los buses entran a la pista
    dan un último giro
    detienen su marcha

la suela de mi bota izquierda
se despide del suelo americano
mientras la derecha pisa el primer peldaño
de una escalera interminable
que nos lleva al interior de un mastodonte transatlántico
    a la promesa celestial
o al borde del acantilado
para echarnos a escuchar

«diversas lenguas, hórridas blasfemias,
palabras de dolor, acentos de ira,
roncos gritos al son de manotazos...»

***

comandantes y rasos en primera clase
avanzo en lo estrecho
el ruido de fusiles golpeándose
   golpeando asientos
inusual es caminar en un transatlántico
   de American Airlines
con un M16A2 al hombro

fortuna o desgracia

después de negociar con miradas
me siento en un letargo amanecido
me pienso bote
su vela extendida   a merced del viento
su vela recogida   a merced del agua
atravieso estaciones del trópico
urracas algarabiadas en frutales
estaciones del norte
Vivaldi

todo ha sido un reflejo sobre el agua
tanta libertad ha estado siempre
a merced de su ancla

***

el capitán anuncia el descenso
en una pantalla sobrevolamos el centro de Europa
miradas confusas   nadie pregunta
sabemos de la ~~información clasificada~~

~~se harán inspecciones mecánicas~~
~~se llenarán los tanques de combustible~~

~~la puerta se abre~~
~~las cosas se quedan~~
cuando un soldado deja su fusil desatendido
una luciérnaga se despierta
vuela en la consciencia prendiendo su luz
a un ritmo menos intenso cada vez
y sólo se detiene
cuando el soldado vuelve a posar su mirada
sobre el animal que sólo sabe dormir
                    y matar

al cruzar el umbral
corre mi mirada   sabueso
en busca de algo que me ubique
la pista   la pista
la interminable pista   tumultos de nieve
a   lo   lejos   PRAHA
Bohemia

bohemio
a tientas en la oscuridad de un verso

38

*

PRAHA
el aeropuerto y sus letras crecen
al acercarnos entre el frío de una pista en pausa
PRAHA
tiendas babélicas esperan ser abiertas
para seducir la nostalgia del viajero que se marcha
que aún no llega

pasillos bancas
baños   bares
todos vacíos

tres jóvenes se acercan
nos observan con recelo
evitan contacto
abren una tienda
comienzan sus labores

me acerco
sin intención de compra

después de un baraje de lenguas
intercambiamos billetes

***

Božena Němcová rompe la simetría
inclina su rostro
mirada apacible
                    sonrisa de alas extendidas
dos lágrimas metálicas
pendiendo de arracadas

ha esparcido las costumbres de La Abuela
ha recorrido los campos de Old Bleachery
y allá   en el azud
ha escuchado el canto de Viktorka
        sus alaridos
al romper lágrimas de cristal
en sus ojos

*

la musa prefiere el equilibrio
por cabellos lleva hojas lanceadas
una rosa y otras florecillas
a su derecha

en las mañanas
seguida por el ansioso paladar
de un picaflor
despierta al violinista y sus bailarinas
con un arco recién hecho

la musa prefiere el equilibrio
por cabello lleva hojas de cardo
                    y troncos con espinas
a su izquierda

en las noches
se corta los pezones
pellizca el estómago
de recién nacidos
seguida por Viktorka
y sus alaridos

***

PRAHA
el aeropuerto y sus letras retoman su tamaño

en una banca queda un hombre
que en reverencia a su orfandad
se pone mi rostro   sonríe   cierra los ojos
sepulta un trozo de su sombra
murmurando palabras para él mismo

KUWAIT

***

la furiosa presencia del sol nos recibe
sedientos mis labios reprimen palabras
que maldicen su ácido aliento

Kuwait

los rasos
antes cómodos en primera clase
ahora traspasan maletas de una andorga a otra
del avión a los buses que abordamos

cuánto puede expresar el interior de un bus
sobre el país que recorre

sus colores
el sudor impregnado en sus asientos
el alto volumen de la música

con el rostro enmudecido
vemos pasar tras la ventana
una ciudad saturada de sol
rumiamos sus facciones
de opulencia y escasez

***

estaca   cuerda
        mástil   lona
antiguo sistema estructural de tensión
erguida casa de campaña
ante el severo soplo de la noche

dormir frente al aire acondicionado
no es una fortuna
la frescura conviene con la piel
por un momento
luego
entran carámbanos
a romper los huesos

piedra golpeada
por la constancia de una gota

dormir cerca de la puerta
ahorra algunos pasos
pero pierdes privacidad
soldados salen y entran
desvelo
la noche lame la espalda
con su gelidez
y el desierto cubre
con el fastidio de su arena

***

espera paciente el mensaje de angustia
la araña de muerte ha tejido su tela

deshidratación
araña tenaz

doce cantimploras al día
el color de la orina advierte
buen desayuno
evitar café

sentados en círculo tomamos agua
pronosticamos la partida
nos quejamos de la lejanía del comedor
        la incomodidad de salir a enfrentar
ráfagas de arena en el viaje nocturno al baño
comentamos que algunos olvidan
sus pertenencias en la ducha
subrayamos los síntomas
mareos   fatiga   dolor de cabeza
calambres   palidez   sudoración profusa
apoplejía
y en un descuido
la muerte

***

gritos y apuestas sobre la mesa
amenazantes aguijones se levantan
alacranes   aferrados a sus pinzas
giran   mortales amantes bailan
el vals del combate

*

el joven teniente subraya ideas cruciales
esto no es más un entrenamiento
la escena es real y el mundo
                              la audiencia
en el alba de rábidas alas
nadie recuerda el fuego en Megido

*

sobre el eje marcial del poder
un tablero gira
ingenuas fichas galopan al campo
relincha a mis espaldas la muerte
con su casco metálico escarba
                              su sombra

***

CAUTION
CONVOY AHEAD
STAY BACK 100 METERS
OR YOU WILL BE SHOT
se lee en la parte trasera
de cada convoy

***

la ternura del alba nos alcanza el rostro
retira el hiyab del extenso vacío

en busca de vida mi mirada tienta

el desvelo ha cerrado los ojos de muchos
                    juegan con sus hijos
conversan en voz baja con sus padres
endurecen los pezones de la amada
o tan sólo sueñan con la noche
como un efímero ensayo de la muerte

si pudiera cerrar mis ojos
viajaría hasta San Juan del Sur
o Santa Mónica
frente a olas que agreden mi silencio
sobre la arena que me increpa por ser uno
                    sólo uno

***

hacia dónde van los dromedarios
con esa calma de perenne peregrino?
van de charco en charco
humedeciendo el anafe en sus gargantas
entre retazos de sal tendidos
sobre el desierto que los nutre con espinas

hacia dónde van esas mujeres
con múltiples carencias?
llevan inquietud en el rostro
y se mueven cual fantasmas
por un camino interminable

habrán pernoctado
en la solitaria caseta de barro
construida a escala inhumana?

sus hijos extienden una mano
y con la otra
depositan un trozo de aire en su boca

desde vehículos de guerra
lanzamos bolsas de comida
con la intención de amansar el hambre
que en silencio les estruja el vientre

crecen entre marionetas por el terror manipuladas
empuñan ese odio milenario
y afeitan su cuerpo antes de inmolarse

***

dos días viajando en el desierto
en un *jonví* modificado
bien pertrechados
compartiendo historias
para despojar el intenso calor

mi vejiga al reventar
por la constante hidratación

el convoy no puede parar

de mi bota saco un cuchillo
rompo la costura interna de mi pierna
desaguo en un bacín improvisado
botella de Gatorade

el teniente vacía el contenido por la ventana
limpia y guarda la botella
que nos mantiene limpios
aliviados

***

cena en *Camp Scania*
las uvas son hermosas y dulces
hambrientos soldados las devoran
al masticar sus semillas maldicen
dentro de una tienda mecida por el viento errante

***

poco a poco el cielo guarda sus estrellas
la oscuridad levanta develando el desierto

la máscara antigás ha sido mi almohada
y un perro echado mi fusil

junto a mis pies
en el fondo del saco para dormir
están mis botas con la lengua de fuera
guarecidas de las criaturas nocturnas
que salen armadas de veneno
en busca de alimento

aseo mi rostro
aseo mi cuerpo con toallas húmedas
desato una bolsa
camiseta   calzoncillo   calcetines limpios
un aroma distante   muy distante
el hogar

son pocos los soldados
que aún duermen en el callejón
de la caravana partida en dos

algunos desaguan tras los vehículos
conversan sobre el hielo nocturno
     la bóveda estelar
asombrados por el desplazamiento ondulatorio
de las dunas

***

los Apaches se acercan
con el tamborileo acelerado de sus hélices
después de algunas acrobacias
se alinean   recorren cada flanco
del c o n v o y a l o n g a d o

vuelan bajo   con cautela
hacia adelante   hacia atrás

vórtices   rebufos
que despiertan efímeros monstruos de arena

pájaros de acero que avistan una aldea
de día   de noche
desde un punto lejano
arrojan sus flechas letales
reducen su objetivo
a un rompecabezas desarmado

cadáveres dispersos
        fracturados
        expuestos al mordisco del sol
o ateridos por una noche sin luna

***

el convoy disminuye la velocidad
abandona la autopista
sube por un paso a desnivel

el convoy se detiene
habremos tomado la salida equivocada?

por radio informan
un objeto sospechoso a la orilla del camino

dentro del *jonví*
las miradas se aceleran a hablar
entre ellas y con ellas
cada uno despierta a su mascota
otea el escenario en busca de amenazas
somos un blanco fijo en el centro de Bagdad

*

observo cada vehículo en sentido contrario
velocidad   suspensión trasera
ocupantes
        cuántos
                apariencia
el recelo va al volante mostrando todos sus rostros
el perfil umbrío de ropas femeninas
y en la ventana trasera de un Lada

se asoman dos ojos engrandecidos
cejas arqueadas
capturan imágenes de la ansiedad que nos protege
para la memoria de un niño
que habrá llorado alguna partida
como lo hicieron los niños
en Vietnam   Francia
Alemania   Gran Bretaña
Nicaragua
Estados Unidos

*

el tiempo ralentiza cuando la alerta es máxima
presa en una calle desconocida

la transmisión es sucia
gggrsshhggg object
gggrsshhggg removed
gggrsshh road
la voz arenosa nos pone impacientes
aumenta el volumen de adrenalina
gggrsshhggg saddle up

el convoy reanuda su ascenso por el paso a desnivel
la ciudad se hunde
sus nervaduras se alargan sobre una superficie tostada
sus alminares emergen como gigantes soldados
que custodian mezquitas y madrazas
mientras la muerte

aruña con escarnio
el cuello de soldados

***

el convoy serpentea entre barreras
que previenen la penetración rápida
de vehículos enemigos
por la entrada principal de la base

guardias observan nuestro arribo
uno saluda con la mano desde su atalaya
bien pertrechada
cubierta con camuflaje

en su rostro se percibe
hay cierto despojo del gusto por la vida
el impacto de una guerra que zapa en las emociones
                                    que desvela
                                    que madura y pudre la
memoria

lleva un uniforme torturado por las ortigas del sol
                        por el abuso del tiempo

un uniforme híbrido entre montaña y desierto
que recoge retazos de viejas batallas
y parcha el torso con sus hojas

por radio ordenan desmontar
el placer de estirar las piernas

pongo el selector en *safe*

saco el cargador
jalo la palanca de carga
una bala sale volando y cae al suelo
reviso la cámara   está vacía
suelto la palanca de carga
pongo el selector en *semi*
y disparo en seco
jalo y suelto nuevamente la palanca de carga
pongo el selector en *safe*
cubro la cámara

descubro un nuevo olor a tierra
al recoger la bala

inofensivo el convoy se interna
por una calle adornada con palmeras
cubiertas por una capa fina de tierra
y poco a poco se deshace en segmentos
que van en busca de barracones

WELCOME TO CAMP TAJI

CAMP TAJI, IRAK

***

laboriosas hormigas entran y salen
        llevan y traen
sacos verdes   catres verdes
y verde también el hábito de compartir
la precariedad de un hangar malherido

cien palomas anidan
en el más dañado trecho del techo
dejan caer sus desechos sobre escombros
donde veloces ratas juegan a esconderse

conversaciones mastican tres días de desierto
compartimos bocetos al carbón
de la inquietud y la angustia
fuera de límites rutinarios

un júbilo atenuado hace eco
y a través de miradas nos vamos zurciendo
con una arteria inmarcesible

catres en vecindarios
sin jerarquía de rango   edad
        raza   o especialidad
pequeño cementerio polvoso
donde *Almawt* aún no llega a dormir

un saco para dormir
artículos de higiene personal
mis libros bajo el catre

el volumen de las voces ha subido
nos sentimos a salvo
dueños de esta porción de precariedad
que hemos ocupado
que reclama un nombre
que nunca llamaremos hogar

caen morteros

el fragor nos aprieta el cuello
el silencio es una orden
que sólo el aleteo de palomas impasibles
se atreve a incumplir

***

ágil rival
sale de escombros de guerra buscando mi morada
armado con su hambre de rata   destruye mis libros
mina el lecho de botas inermes
y triunfal regresa a su colonia

***

a la orilla del camino
un hombre alimentado con argucia
remplaza las vísceras de una oveja
con explosivos adormecidos y un despertador

yallah yallah
el hombre
    un viejo y algunos niños
danzan alrededor de tres soldados
                            caídos

***

las balas sisean
al entrar en hogares ajenos
— me cuenta
herido el muecín pide auxilio
de rodillas frente al cañón el pueblo llora
    ora

el gatillo se detiene

entre el zumbido de moscas
carpanta canina devora los sesos de un *Hajji*

quién era yo en ese gélido instante?
en qué me he convertido?
se pregunta

*

confundido mi estómago gruñía
ante el olor a carne quemada

mi mente se apresuró a restaurar
la imagen rota de su cuerpo desnudo

su esposo conservará las placas
en su funeral dirá que la amaba

yo   callaré
— asegura

*

nunca había temido
a un niño con su mano extendida

de dónde toman tanto valor?
la arena juega entre sus dedos
se incrusta en sus develadas niñas

este soldado no es lo que parece
en soledad
se arranca el aliento del cañón
se parcha los huecos
aprieta con atrición sus párpados

***

hilo rojo   crisantemos
una araña teje la noche
mientras limpio y aceito mi fusil

las miras en su sitio

desgrano cargadores
empujo hacia adentro el elevador
repetidamente
golpeo y sacudo
extraigo la arena que raspa
paredes

120 balas examinadas
pulidas con una vieja camiseta
— serán suficiente? qué si un IED?
qué si el combate se extiende?
podremos salir?

a mi cita llegaría
con las venas hinchadas de adrenalina
entre tambores y sordera
ladrándole a esa bala que me busca

si me encuentra
que cumpla su deber
y celebre con la sangre
que tanto anhela

en la polvosa calle
en la fragilidad de mis cuerdas
en el viento indiferente
que conoce al enemigo

enemigo infecto   asignado
          sin uniforme
que aparece con ventaja y desaparece
en un pueblo avezado a la traición

un pueblo temeroso del terrorista
          del US Army
un pueblo que no ve   no escucha
ni sabe nada
un pueblo de bombas caseras fabricante
donde nadie se escapa del dolor
cada uno reza a su dios
aunque todos vayamos al mismo infierno

si me encuentra
el ímpetu crecerá garras y colmillos
morderé manos clandestinas
          manos degolladoras
          manos encallecidas
en el mercado de favores

el Soldado Desconocido
embriagado de metal fundido
cae en combate donde siempre gana la muerte
entre campanas   estertores   danzas de huríes
mientras en su país

inflamado de orgullo
los ciudadanos inventan canciones al honor
viven felices con videojuegos
envenenándose
creyendo alimentarse

mañana
como cada viernes
iremos en convoy a Bagdad

esta noche
limpio y aceito mi fusil
en ceremonia de sombras
mi nombre se pierde entre lápidas

***

chequeos mecánicos
comunicación por radio y satélite
raciones de comida   agua
municiones   máscara de gases   combustible
más agua   más agua

dónde está el medico?

alrededor de un parche de tierra   *the sand table*
piedras de tamaños varios
pequeñas ramas   trozos de cartón
despuestos a simular la ruta del convoy
esperamos al comandante
atamos el hado con diálogos mansos

*

saludos habituales
repasa la ruta   coordenadas   códigos
establece el orden de marcha   velocidad
distancia
el uso de pidevías como advertencia
reacciones a diferentes escenarios de ataque
agua   más agua

*

reglas de enfrentamiento

fuerzas militares y paramilitares enemigas
son declaradas hostiles y pueden ser atacadas

no dispares al que ya se rindió
al que esté fuera de combate por heridas

no ataques hospitales   mezquitas   iglesias
monumentos nacionales   santuarios   escuelas
museos sitios históricos y culturales

minimiza daños colaterales
evita destruir infraestructuras
túneles puentes   ferrocarriles
tuberías   almacenamientos comerciales

la fuerza letal es autorizada para proteger
a prisioneros de guerra
personal de la ONU   Cruz Roja/Media Luna Roja
en defensa propia en defensa de tu unidad o fuerzas
amigas

trata a civiles con respeto y dignidad
no confisques bienes
saqueos y botines de guerra están prohibidos

*

el comandante
si sienten que su vida o la de sus compañeros
está en peligro amenazada
disparen hasta que el enemigo no se levante
ya aclararemos todo en las investigaciones

***

If any question why we died,
Tell them, because our fathers lied.
RUDYARD KIPLING

dulce et decorum est pro patria mori
sed
quid est patria?

***

después del combate
famélicos buitres forman un círculo
discuten
   brincan
clavan sus picos de plomo en el vértice
lo despojan de sus plumas blancas

***

esta tarde
Johnny no vino al estacionamiento

quién limpiará la tina del camión
en el que a diario transporto albañiles?

por las mañanas
en la entrada de la base
decenas de iraquíes ofrecen su trabajo
plomeros   electricistas   albañiles
padres   hijos   hermanos
cinco dólares al día

entre sus ropas
cigarros cubanos   un Rolex falso
películas recientes   películas porno
cinco dólares por cada una

alguien debe restaurar los edificios
derribados por la furia
de una venganza amaestrada

un albañil arroja su enojo en árabe
su rostro empuñado
toma un trozo de ladrillo
en el suelo dibuja   recuerda
recuerda   dibuja
una casa   personas   palmeras

un avión pariendo misiles
recuerda   con su boca las explosiones
el trozo de ladrillo raya con furia
la casa   personas   palmeras
el albañil arroja su quebranto en árabe
su rostro retorcido
me señala y se aleja balbuceando

esta tarde
Johnny no vino al estacionamiento
nadie limpiará la tina del camión
Johnny tiene diez años
y no tiene tiempo para juegos

Johnny no se llama *Johnny*

***

—*sadiq sadiq*
  tu nombre?
(casi todos los soldados
llevan sus nombres bordados con letras arábigas
en la parte trasera del sombrero militar
  menos yo)
Qasr
  mi nombre es *Qasr*
Qasr Qasr
  las chicas americanas no son buenas
por qué dices eso?
ellas conducen autos
  hablan mucho
pa-pa-pa
  disparan como hombres

las chicas iraquíes no
ellas son buenas
         son calladas obedientes
                cocinan   limpian la casa

te casarías con mi hermana?

***

abandono el campo de batalla
dejando un amenazante caballo
con el cuello torcido hacia los caídos

en este combate no hay bombas caseras
dispuestas en cadena a lo largo de una calle
ni el coche bomba a la vuelta de una esquina
esperando el momento preciso

ni *shahid* corriendo por la diagonal hacia una torre
ni morteros lanzados desde un vehículo en movimiento
ni alaridos de mujeres   ni perros asustados

las piezas expuestas
con uniformes blancos   negros
sobre una cuadrícula negra   blanca

desde un círculo de albañiles hambrientos
observo al enemigo sostener su quijada

el albañil más joven pregunta quién ganó
el más viejo baja su rostro
mastica sabiendo que basta esperar
a que la mano suelte la quijada

regreso a mi puesto con el estómago lleno
anuncio *j'adoube*   enderezo el cuello del caballo
el enemigo sonríe   también yo
                                sonrío

***

día libre
he venido al bazar
tienda erigida junto a un cúmulo de escombros

aceites aromáticos
        jambias
narguiles
    lujosas piezas de ajedrez

tomo un libro
        lo abro
genio de lámpara
aparece el propietario
profesor de historia

            el bazar provee
            la universidad satisface oasis

*

después de diez días
estoy en el bazar organizando con la vista
la mercancía apilada
                cubierta de polvo
sobre mesas enclenques

postales de danzas tradicionales
billetes y fotografías de Sadam Hussein
      con su cuarta esposa
            sonriendo entre niños
            condecorando a un viejo héroe

libro de historia
   Dudu
            consejero real en Lagash
dos luchadores sumerios trabados
con una jarra en la cabeza

ha llegado el maestro
pensó que no volvería
que preferiría repasar mi niñez
atrapando paguros en Marsella
una tarde de zanates bulliciosos
en malinches florecidos

o mapeando mi futuro
sobre una pared que se destiñe
cada vez que mis botas
me llevan donde yacen perros
y soldados arrullados
por el zumbido de moscas

***

contento viene el paladar
después de un almuerzo repetido

no carecemos de comida
chicas filipinas sirven
entre sonrisas y comentarios
el mismo menú
por una semana

payat ako
bigyan mo pa ako maraming pagkain

desayuno   almuerzo   cena

no carecemos de morteros
lanzados al azar
buscando el comedor
donde las bajas serían muchas

contento traigo el paladar
un mortero cae detrás del búnker
un monstruo de tierra y humo se levanta
retazos de uniformes   retazos de soldados

mi arma   inútil objeto

desde esa tarde
duermo en el piso

***

como un despertador ajustado por la muerte
explosiones me despiertan
                                          casi a diario
a las 1400 horas

casco y chaleco saltan del piso
a instalarse en sus puestos

desde mi ventana
busco señales de humo

50 metros al este
un bulldozer se vuelve humo y polvo

una piedra llega y craquela el cristal
levanto mi fusil y salgo

50 metros al norte
un inmenso árbol de fuego agita sus ramas con furia
allá   el sargento primero grita
instrucciones

corre a revisar los baños

bajo una puerta que apenas sostiene su guardia
se escurre un silencioso río   sin sangre
tras ella la oscuridad habita
cortocircuitos   infernales luciérnagas

desprendidas paredes   tuberías rotas
lavamanos rotos   rotos los espejos
trozos en el piso   piso algunos trozos
mis pies mojados
me aseguro que *Almawt*
no haya venido a defecar
en este baño ahora inservible

***

escuchaste los gritos anoche?
conocías al capitán?
has visto el charco de sangre?
en qué búnker?

comentarios recrean explosiones de morteros
en la memoria de todos los que esperamos
en una larga fila para darnos un baño
después de tres días de sol acumulado

cuelgo mi t   mi f
      o   u
      a   s
      l   i
      l   l
      a
al entrar al baño
mis pies se sumergen en la espuma
de agua lodosa   orines
y el estrés enjuagado de soldados
que hoy han renacido

***

el mapa de Groenlandia marrón
dice Barraque

yo
distingo el rostro de un viejo barbudo
que devora vísceras de transeúntes

en mis viajes al comedor
noté que habían puesto una cruz
   la quitaron

                        un epitafio
   lo quitaron

el agua no borra la mancha de sangre
la arena no cubre la mancha de sangre
se aferra al pavimento
   a mi memoria

***

tres hombres
apenas afuera del campamento
frente a nuestra torre de vigilancia
se agachan
        se levantan
se inclinan
        se levantan
se acercan poco a poco

qué es lo que esconden
ponen o alzan?
reportamos por radio

dos horas de noche y grillos
habían sido un extenso retiro
de confesiones
viajes por elevadas escaleras
al baño al humo de cigarrillos
a esas huellas imborrables
que acechan con lodo y polvo
evidencias de fragilidad
del origen de un ser
que se pierde y reencuentra
ante el taconeo de la muerte

llegan las fuerzas de reacción rápida
binoculares
cada detalle

armas dispuestas
indagan   inspeccionan
brazos se extienden en aclaración
un soldado escribe   otro levanta el pulgar

por radio llega el aviso
no hay peligro
granjeros atendiendo su trigal

***

la bala que impacta el pecho del soldado
se interna como la caricia del primogénito
que mantiene este permanente estado de alerta

un buen soldado vive de pie
  muere de pie
  nunca descansará en paz

***

llevo uniforme limpio
dos gotas de aceite perfumado en el cuello

Merino *a combat medic*
lleva labios rojos y sonríe
es muy ella
muy puertorriqueña al hablar   y sonríe
canta y sonríe mientras guío hasta el MWR

cada jueves por la noche
las mesas de billar
las mesas de ping-pong
        de futbolín
son arrinconadas
para abrir una pista de baile

bajo luces de colores
los tambores retumban
las trompetas gritan

en uniforme de ejercicio
en uniforme de combate
fusil colgado en la espalda
bailan todas las razas el son latino

alguien toma un trago
de contrabando
una chica blanca aprende a mover sus caderas

el estribillo en coro   en coro
todo es sensual
nos olvidamos de Irak
nos une un júbilo
que exhala el cansancio del combate
entre enojo y temor
hilvanados
por la nostalgia

***

sería la necesidad innata de encontrar
la fruta podrida que devoran los hombres
antes de afilar sus jambias

sería el deseo ancestral de atinar
la mezcla de colores en cada cuadro
animado por la muerte

o la curiosidad
ave primitiva que advierte
          que nos lleva hasta la última huella
ignorando lluvia   montaña
la turbación del hallazgo

en el sitio   ogrish.com
en sus habitaciones umbrías
se tritura huesos a mordiscos
y la sangre se escurre entre alaridos

— mi nombre es Nick Berg

con voz resignada
el nombre de sus padres   sus hermanos
Pensilvania
lleva un traje naranja
muñecas y tobillos atados

uno de sus captores lee el manifiesto

su cuello es serruchado
por 45 segundos

cuánto puede expresar una mirada
cuando la resiliencia se diluye

si eres capturado por estos insurgentes
y deseas salvar tu cuello de la afilada jambia
sacudirías las bases del templo
donde aprendiste a ser

tragarías el credo
con el sudor de ladrones

borrarías al Redentor de las páginas
que devoraste para atenuar el dolor?

o

aceptarías el ahogo
con la sangre de suicidas
huesos de diamante
incapaces de luz?

***

el rompecabezas de un paisaje pueril se deshace
    un país elíseo en escombros
donde la noche nos gobierna y se traga a sus hijas
sombras inmóviles   sombras alargadas
sombras temblorosas   sombras vagabundas

la muerte se asoma en todas las ventanas
nos lee las últimas notas de las sendas

credo   prejuicios   valores
todo pierde importancia y se abandona
ante la necesidad de vivir

todo es moldeable
en el horno furtivo
en la fábrica de verdades
donde el engranaje moltura ojos
ante los cuadros de
la cuna de Judas   la doncella de hierro
el submarino   el desprendimiento de uñas

deja que los estandartes ondeen lávate el cuerpo
márchate silbando tu melodía
por las sendas del rompecabezas
por los márgenes de cualquier mapa
que demarque los estruendos de la guerra

***

(ficha-moneda de diez centavos)

el coronel Tibbets expande su postura
al sentar sus manos en el cuadril
                    pulgares al frente
                    hebilla descentrada
ave fusil magnífica ostentando gallardía
flanqueado por pájaros terrestres
en un momento gregario

de la pipa que su boca empuña
obtiene el ánima de placer
para tonificar un ego victorioso

a sus espaldas   un B-29
Enola Gay
ave madre que una mañana de agosto
habría desprendido de su vientre al *Little Boy*
para plantar un hongo
en la planicie de una ciudad militar

***

(ficha-moneda de cinco centavos 1)

un médico de guerra lleva chaleco antibalas
incapaz de detener los proyectiles
que llegaron en un sobre perfumado
a Dear John Letter
fija su atención en la aguja que introduce
en la fragilidad de un niño que me observa
con los ojos de Sharbat Gula

ambos rostros
entumecidos por la guerra y sus vástagos
carecen de dolor

***

(ficha-moneda de cinco centavos 2)

chaleco camufle de montaña
uniforme camufle de desierto
como error de escena o salida de prisa

el pesado casco fatigando el cuello
   erosionando los discos de la espina

la bandera es un parche en el hombro derecho
el puño de la manga abierta   ventilación

el cargador trabado en el fusil
paseando una amenaza
por una calle extranjera

tras lentes oscuros
palpita el temor de encontrar moscas triperas
patrullando su sombra
o a la muerte lamiendo su rostro

***

(ficha-moneda de veinticinco centavos)

cuatro chichas de la WASP se acercan
con sonrisa de fresca travesura

una ráfaga de viento sale al encuentro
arroja sus cabellos hacia atrás
embiste las herméticas chaquetas de cuero
sacude sus holgados pantalones

con paracaídas en mano
pie derecho al frente
marchan al ritmo de *The Thunderer*
dejando atrás un B-17   el *Pistol Packin' Mama*

cuatro pilotos sin rangos
llevan y traen aviones
autenticando la técnica el valor
mientras los hombres somos enviados
a la posibilidad de caer en el bosque

***

SEND OUR TROOPS HOME
se lee en el exterior del paquete

raquetas de ping-pong
  beef jerky
      André Rieu
El Aleph y mi camiseta preferida

el aroma del hogar

decisivo mensaje cruza el océano

desarmo el sobre
olfateo las palabras en busca de su cuello

que extraña mi sentido del humor
          mis poemas de protesta
aunque nunca me haya amado

***

mamuts con sus trompas estiradas
hundiéndose en los pozos de asfalto de La Brea
aludidos
por estas corroídas y lisiadas tanquetas
hundiéndose en el fango
en las cercanías del Tigris

T-72 y T-55
viejas mascotas de Raad Hamdani
que evadieron el convenio de Paris
y sobrevivieron la embestida
del coronel McGregor con sus M1

ahora posan para el abandono
expuestas al paso de *Shamal*
por este cementerio de tanquetas

en sus corazas
crece un espontáneo vergel de grafitis
FUCK IRAQ
        FREEDOM
HAPPY B-DAY MOM I MISS YOUR FOOD
FUCK SADDAM
        FUCK KBR
I MISS TACOS
            I NEED A BEER
SIZE MATTER (en el cañón)

y el abundante I LOVE YOU
seguido por el nombre del vacío
amor   el tuyo
jadea en el desierto de mi nostalgia

***

sé que el Tigris corre a mi costado
observa el agresivo vuelo de aves militares
en silencio lleva los cuerpos de fieles sin nombres

lo adivino respirando el vaho
de mil batallas

***

algunos regresamos vivos   con otros
nombres
la piel parchada
delirando escoriar el pasado

las cortinas siguen abiertas   temen morir
mañana será la misma guerra

Notas

Billete de quinientas coronas.

Jonví. (del inglés Humvee, onoma. para HMMWV, High Mobility Multipurpose Wheeled Vehicle). Modelo de vehículo militar.

BIAP. Bagdad International Airport.

IED. (inglés: improvised explosive device). Bomba casera usada por los insurgentes iraquíes. El tamaño y utilización varía dependiendo el objetivo. Mayormente se disponían en serie y a la orilla de los caminos por donde transitaban las tropas estadounidenses. En el 2004, el uso de este tipo de bombas incrementó causando muchas bajas en el ejercito estadounidense.

Ficha-moneda
de diez centavos.

Ficha-moneda 1.
de cinco centavos.

Ficha-moneda
de cinco centavos 2.

Ficha-moneda.
de veinticinco centavos.

WASP. Women Airforce Service Pilots.

AGRADECIMIENTOS

A Carlos M. Castro por su lectura acuciosa y sugerencias.
A Karly Gaitán Morales por su estricta y constante motivación.
A Mario Martz por encender una vela.
A Víctor Ruiz por ser un nutricionista literario.
A Iván Uriarte por su manera especial de encauzar.

ÍNDICE